DON BOSCO
VERLAG

Was mich im Leben und im Sterben trägt

Glaubensbegriffe

meditiert von Elmar Gruber

Don Bosco Verlag

Die Deutsche Bibliothek — CIP-Einheitsaufnahme

Gruber, Elmar:
Was mich im Leben und im Sterben trägt :
Glaubensbegriffe meditiert / von Elmar Gruber.
— 2. Aufl. — München : Don-Bosco-Verl., 1995
    ISBN 3-7698-0671-9

2. Auflage 1995 / ISBN 3-7698-0671-9
© by Don Bosco Verlag, München
Umschlag: Felix Weinold
Gesetzt in der Garamond
Gesamtherstellung: Salesianer Druck, Ensdorf

INHALT

EINLEITUNG

Auch eine wahre Dogmatik, ob alt oder neu, führt nur zu Begriffen und nicht zum Leben. Leben kommt von Leben; Glauben kommt von Glauben. Leben und Glauben werden geweckt vom Lebens- und Glaubenszeugnis, vom „lebendigen Zeugnis".

Zeugnisse sind Wirklichkeiten, die durch Zeugen und Be-zeugen entstehen und zugänglich gemacht werden.

Begriffe stellen „geronnene", „festgewordene", „eingefrorene", „konservierte" Zeugnisse dar. Theologische Begriffe sind als solche ungenießbar. Man muß sie auftauen, verflüssigen und zubereiten; erst dann können sie den Hunger stillen.

Unser Glaube und unser Glaubensleben sind weithin an theologischen „unaufgetauten" Begriffen erstickt. Theologische Wahrheiten müssen immer wieder neu, für die jeweilige Lebenssituation und für die jeweiligen Menschen erschlossen werden, damit sie jene Wirklichkeiten vermitteln, aus denen sie entstanden sind.

Dieses Buch enthält keine neue Theologie der Dogmatik. Es will auf Zugänge aufmerksam machen zu jenen Lebenswirklichkeiten und Glaubenserfahrungen, die vielen „alten" und „überkommenen" theologischen Begriffen zugrunde liegen. Alte „Hülsen" werden neu gefüllt, damit sie wieder dem Leben dienen.

Wer alte Hülsen nur durch neue ersetzt, löst das Problem der Leere nicht. Hier geht es nicht um eine neue Lehre oder Leere, sondern um die Fülle eines immer aktuellen Glaubens. Die Kraft des Glaubens ist die tragende Kraft im Leben und im Sterben. Der Glaube ist der „Sieg", der die Welt mit ihrem Tod und ihren Toden überwindet.

Wir leben und überleben nicht durch Begriffe, sondern durch ihre Inhalte. Diese Inhalte gewinne ich nicht durch begriffliches Denken, sondern durch „lebendiges Leben". Jeder Begriff ist ein Ausrufezeichen: Hier ist eine Stelle, wo du das Leben – Gott – immer wieder neu er-leben kannst.

Gott

Gott ist Beziehung. (Martin Buber)

Der Gottesbegriff ist unerschöpflich. Gott und
Mensch, Mensch und Gott – das ist der Inhalt des
ganzen Buches. So zieht sich auch die Gottes-
thematik durch alle Kapitel.
Wenn mich heute ein Mensch nach Gott fragt,
muß ich ihm als Glaubender praktisch zeigen
können, was Gott ist:
„Gott ist die Liebe, und jeder, der liebt, erkennt
Gott. Wer nicht liebt, kennt Gott nicht." (1 Joh
4,7 und 8)
Gott ist das, was in der Liebe liebt. Gott ist die
Kraft in der Liebe.
Gott ist die dritte Kraft, die mich mit dir und
mich mit mir selbst in Beziehung setzt.
Gott ist das Nahe in der Nähe. „Das Reich Gottes ist nahe" kann man auch so verstehen: Der
Bereich Gottes ist die Nähe.
Gott ist der Ursprung aller Beziehungen zwischen
den Geschöpfen. Er ist der „Zwischen-Fall".
Gott ist der, der mich liebt, wenn du mich liebst.
Er liebt mich durch dich und durch mich. Er liebt
uns durch alle Geschöpfe. Er ist der Ursprung
aller Freude. Er erfreut mich, wenn ich mich
freue. Er beschenkt mich mit dir, mit allem, mit
mir selbst.

Ich muß Gott suchen durch alle Geschöpfe hindurch. Wenn ich Geschöpfe vergotte und vergötze, kann ich Gott nicht mehr erspüren. Ich muß mich ablösen von den Geschöpfen, damit ich zu Gott finde, und ich muß die Geschöpfe von Gott ablösen, damit ich eine Gottesbeziehung aufbauen kann. Erst durch die Gottesbeziehung wird mir alles zum Geschenk und die Welt zum Paradies, zum Garten Gottes.

Gott liebt alle Menschen; er ist die Liebe bei allen Menschen. Gott hat von sich aus keine Feinde, weil er auch seine Feinde liebt. Gott liebt auch meine Feinde. Ich kann Gott nicht beanspruchen für ein Feindbild, weder für ein privates noch für ein gruppenbezogenes.

Gott ist in Jesus Christus Mensch geworden. Jesus ist buchstäblich die Verkörperung Gottes. Durch Jesus ist offenbar geworden, daß Gott die Liebe ist. Er ist das vollkommene Du, nach dem ich mich sehne. Dieser Gott ist im tiefsten der Ursprung und der Inhalt aller Religionen. Nur seine Liebe kann die gespaltenen Religionen einen.

Gott ist die Liebe;
er ist das,
was in der Liebe liebt.

Glauben

Glauben heißt: sich für Gott als Ursprung und Inhalt jeder personalen Beziehung entscheiden.

„Wer bin ich?" ist die zentrale Frage meines Lebens; dies spüre ich, wenn ich mich selbst erfahre. Ohne Antwort auf meine Selbst-Erfahrung kann ich nicht leben. Ich brauche Orientierung, um zum wirklichen Leben zu finden.

Nun finde ich mich als der Geliebte und Liebende, als der Angenommene und Annehmende in meinen Beziehungen zu Menschen und zu anderen Geschöpfen. Damit ich mich orientieren kann, bin ich gezwungen, dieses Geschehen der Selbstfindung zu deuten. Ich muß wissen, wer oder was da „bezieht", „liebt", „glücklich macht".

Dieses Wissen beruht in jedem Fall auf Glauben. Ich muß es glauben, daß Gott der Ursprung der Liebe ist. Und ich muß es glauben, wenn ich oder etwas anderes der Ursprung der Liebe sein sollen. Der Glaube beinhaltet in jedem Fall ein Risiko und eine Entscheidung. Von dieser Entscheidung hängen aber mein ganzes Leben und meine Lebensgestaltung ab.

Wenn Gott Ursprung und Inhalt der Beziehungen ist, bin ich ein Empfangender, der bittet, dankt und preist und alles aus der Hand Gottes

11

annimmt. Wenn Ich und Du Ursprung und Inhalt der Beziehungen sind, bin ich der Macher, der sich selbst erlösen muß, und der den anderen oder sich selbst beschuldigt, wenn er scheitert.

Im Grunde gibt es nur zwei Möglichkeiten von Glauben: den Glauben und den Un-Glauben, den wahren und den falschen Glauben.

Wer an die absolute Liebe glaubt, hat den wahren Glauben, und er wird die überwältigende Bestätigung finden in der christlichen Botschaft.

Wer an die Liebe glaubt,
weiß, daß es die Liebe gibt;
Glauben und Wissen sind eins.

Dreieinigkeit

Beziehung ist immer dreipolig.

Ich erkenne Gott als Ursprung meiner Beziehungen, als die beziehende Kraft in meinem Leben. So kann der Ursprung selbst auch nur Beziehung sein: Gott ist die Ur-Beziehung.

Eine Beziehung braucht immer zwei Pole, damit sie „beziehen" kann. Wie es in der Elektrizität zwei Pole geben muß, damit etwas fließen kann; der elektrische Strom ist das Dritte, das von den zwei Polen ausgeht.

Gott als Vater zeugt sich selber und steht sich im Sohn gegenüber. Durch den Sohn steht er in lebendiger Beziehung zu sich selbst. Diese innergöttliche Beziehungskraft ist der Heilige Geist, die Liebe. Man könnte sagen: Gott an sich betrachtet ist die absolute Selbst-Beziehung. Und diese absolute Beziehung ist der Ursprung und der Inhalt aller Beziehungen im Bereich der Schöpfung.

Mein unmittelbarer Zugang zu Gott sind die Geliebtseinerfahrungen in meinen Beziehungen. Oder ganz einfach: Der praktische Zugang zu Gott sind meine Beziehungen. Von Gott aus gesehen ist somit der Heilige Geist mein Berührungspunkt mit Gott. – Ich darf und muß meine Beziehungen zuerst nach der personalen Qualität bewerten, nicht nach der moralischen. Im christlichen Bereich ist das Moralische auf das Personale bezogen, nicht umgekehrt.

Dieses innerste Lebensprinzip kann ein Mensch nicht mehr erfassen, auch wenn er davon lebt und liebt. Er kann es am besten durch Symbole erahnen. Das Ursymbol für Beziehung und damit für Gott ist das Dreieck. – Wenn ich von einem eckigen Blatt Papier *ein* Eck abschneide, wird es immer ein *Dreieck*; ich kann *ein* Eck nur als Dreieck haben. Und umgekehrt ist jedes Dreieck immer nur ein Eck. Besonders die Barockkunst bedient sich der Aussagekraft dieses Symbols. Dazu kommt noch die Taube als Symbol der Liebe und als das besondere Symbol des Heiligen Geistes.

Von meinen Beziehungserfahrungen her kann ich Gott schließlich gleichzeitig erleben als das Ur-Väter-Mütterliche, als das Ur-Brüder-Schwesterliche und als das Ur-Bräutigam-Bräutliche. Gott ist ja auch androgyne (androgyn, griech.: männliche und weibliche Züge vereinigend) Einheit.

Wo Liebe ist,
sind immer drei:
ein Ich, ein Du
und die Liebeskraft,
die uns zum Wir vereint.

Vater

Vater und Mutter haben heißt: gewollt und geliebt sein.

Alles, was es gibt, hat einen gemeinsamen Ursprung: den Schöpfer, der alles geschaffen hat und alles, was es gibt, in jedem Augenblick im Dasein erhält. Dieser Ursprung, der alles, was ist, schafft und will, liebt seine Geschöpfe. Die Menschen sind fähig, diese Liebe bewußt zu spüren. Dieser liebende Ursprung ist väterlich und mütterlich zugleich.

Das Gewollt-, Geliebt- und Bejaht-Sein ist die Voraussetzung, daß ich mich selbst wollen, lieben und bejahen kann. Ein Mensch kann nur glücklich sein, wenn er erfährt, daß er erwünscht ist. Wenn aber mein Erwünschtsein sich nur auf das menschliche Wünschen meiner Eltern stützt, bin ich total der menschlichen Willkür und Laune ausgesetzt. Die Eltern sind gewiß Mitursache meines Daseins; die Hauptursache meiner Existenz ist mein Schöpfer, der mein eigentlicher und absoluter „Vater" („Mutter") ist. Auch wenn ich von meinen Eltern nicht oder nur zeitweise erwünscht wäre, bin ich immer und absolut erwünscht, gewollt und geliebt von meinem ewigen Vater (Mutter). Durch ihn habe ich mein unantastbares Recht auf Dasein, das geschützt

15

werden muß, wenn ich es nicht selber verteidigen kann. Die Tatsache, daß ich absolut gewollt bin, gibt mir auch den Mut und die Kraft, mein Leben anzunehmen, wenn ich schwach und deprimiert bin und mir aus Verzweiflung den Tod wünsche. Nicht nur ich, alle Geschöpfe haben das Recht auf Dasein, weil sie gewollt und geliebt sind. Ich darf auch die anderen Geschöpfe, Pflanzen und Tiere nicht einfach in Besitz nehmen und sie willkürlich und beliebig ausbeuten und verbrauchen. Der Mensch hat die Verantwortung für die Existenz seiner Mitgeschöpfe. Wenn er sie zerstört, zerstört er sich selbst.

Aus gesellschaftlichen und traditionellen Gründen sind wir gewohnt, nur vom Vatergott zu sprechen. (Nach alter Vorstellung zeugte nur der Vater Leben!) Wir müssen lernen, in Gott auch das Mütterliche zu erkennen. Gott ist Ur-Vater und Ur-Mutter zugleich. Viele Momente in der Marienverehrung sind ohnehin Ausdruck einer Muttergott-Verehrung. Wenn wir beten „Vater unser", bedeutet das zugleich „Mutter unser"!

Ich kann nur wissen, wer ich bin,
wenn ich weiß, woher ich bin.
Gott macht mich „gottartig";
wir sind alle seine Kinder.

Allmächtig

Allmächtig heißt: mächtig in allem.

Die Macht des „Allmächtigen" wirkt alles in allem. Sie wirkt im Guten wie im Bösen, im Kosmos wie im Chaos, in der Freude wie im Leid, im Leben wie im Tod.

Die Einteilung in Plus und Minus kam durch das Geschöpf. Diese Spaltung betrifft nur uns, aber nicht den einen und einigenden Gott. Er bewirkt nach wie vor in aller Spaltung alles in allem.

Die durch die Spaltung freigesetzten Kräfte des Bösen und Mächte der Finsternis sind ursprünglich göttliche Kräfte und Mächte. Erst und nur durch die Spaltung haben sie das negative Vorzeichen erhalten.

Gott wirkt immer und überall; ohne ihn können wir nichts tun, auch nicht sündigen. Er wirkt in allem, auch wenn Menschen Atombomben bauen und Unfälle herbeiführen.

Gott bewirkt nicht das Böse, das besorgt das Geschöpf. Aber er bleibt auch im Bösen und im Chaos wirksam, so daß letztlich das Böse aufgehoben und überwunden wird. Gott ist immer „Sieger"!

Man bedenke auch, daß Gott vor dem Kosmos das Chaos geschaffen hat! Oder anders ausgedrückt: Das, was Gott geschaffen hat, teilt der sündige Mensch ein in Chaos und Kosmos. Wer das bedenkt, wird auch in einem chaotischen Leben das Wirken des liebenden Gottes erfahren und erkennen können!

„Allmächtig" heißt auf alle Fälle nicht: Gott könnte, wenn er nur wollte!

Gott wirkt in allem,
im Kosmos wie im Chaos.
Er kann auch
die Scherben meiner Sünde brauchen.

Erbarmen

Erbarmen ist die Liebeskraft, die jeden so annimmt, wie er ist.

Jeder Mensch, auch der ungläubige, beansprucht für sich Erbarmen, das heißt zuvorkommende, entgegenkommende, dienende, verstehende, verzeihende, selbstlose Liebe.

Jeder sehnt sich nach erbarmender Liebe. Die Geister scheiden sich erst an der Frage nach dem Ursprung des Erbarmens. Für den Gläubigen ist das Erbarmen die Gotteskraft schlechthin, der Heilige Geist. Für den Un-Gläubigen ist Erbarmen ein psychisches Verhaltensmerkmal, ein Verhalten, das machbar ist.

Der Glaubende fühlt sich verantwortlich, alles zu tun, damit der erbarmende Gott zur Wirkung kommt. Der Un-Gläubige muß sich und andere zum Erbarmen zwingen, was vom Standpunkt des Glaubenden aus betrachtet immer zum Scheitern verurteilt ist. Alle Therapieversuche können letztlich nicht gelingen, wenn sie Gott absolut ausklammern oder ihm nur den Wert einer Ideologie zubilligen.

Die Grundentscheidung für den erbarmenden Gott ist auch die Voraussetzung, daß ich die Bibel richtig verstehe. Ohne diese Entscheidung kann ich die Widersprüchlichkeiten in der Bibel nicht auflösen und ihre paradoxen Aussagen nicht verstehen. Die Bibel bestätigt auch die zwei Hauptorte für die Erfahrung des Erbarmens, des bedingungslosen Angenommenseins: die Eltern-Kind-Beziehung und die Mann-Frau-Beziehung (Braut-Bräutigam!).

Vom Erbarmen Gottes her könnte eine neue, positive Theologie der Erotik und der Sexualität Licht bringen in die heillosen Verwirrungen und Verwahrlosungen unserer Zeit.

Nur wer „erbärmlich" ist,
wird für sich und andere Erbarmen finden.
Wer nicht erbärmlich ist,
hat von sich selbst noch keine Ahnung.

Gnade

Gnade ist unverdientes Geschenk.

Es ist das Wesen der Liebe, daß sie nicht „verdient" werden kann. Gottes Erbarmen ist unverdientes Geschenk. Gott will, daß wir seine Liebe annehmen, aber gerade nicht, daß wir sie uns verdienen und uns einbilden, wir könnten uns Ansprüche darauf erwerben. Wir sind aufgefordert, die Gnade Gottes nicht „vergeblich zu empfangen"! (2 Kor 6,1) Das bedeutet, wir sollen offen sein und uns bereithalten für alles, was Gottes Liebe in uns wirken will. Die Liebe Gottes will uns einen und einigen; sie will uns fähig machen zum Erbarmen bis hin zur Feindesliebe. Wir sollen das an uns geschehen lassen und selber mitwirken, so gut wir können. An dieser Stelle hätten Psychologie, Psychoanalyse und Psychotherapie ihren – vom Glauben her gesehen – richtigen Platz.

Wer sich die Gnade verdienen will, macht sie für sich unmöglich! Gott will auch keine Opfer wie die heidnischen Götter, die „scharf" auf die Opfer der Menschen sind und sich von den Menschen bestechen lassen. Unser Gott will nichts haben; er will alles, aber auch alles geben. Alles, was wir haben und sind, sollen wir ihm geben, opfern (offerre, lat.: entgegenbringen), damit er uns alles, auch das vermeintlich Unsrige geben und schenken kann. Alles soll ich aus seiner Hand empfangen, damit ich mich total beschenkt und angenommen erlebe: Gut und Böse, Tugend und Laster, Leistung und Schuld, Erfolg und Scheitern, meine Liebe und meinen Haß – alles! Wenn ich Freude und Leid, Lust und Schmerz, Leben und Tod aus seiner Hand als Gnade annehme, dann bin ich erlöst von allen Konflikten und Ängsten.

Was nur die Liebe schafft,
kann niemand ohne Liebe
machen.

Sünde („Ur-Sünde")

Sünde ist Spaltung.

Das vernunftbegabte Geschöpf, der Mensch, hat die Fähigkeit zu „sündigen". Er kann das, was zusammengehört, trennen; er kann die ursprüngliche Einheit aller Gegensätze und Gegenteile spalten („sondern"). Die Gegenteile gibt es erst durch die Sünde: Himmel und Hölle, Gut und Böse, Lust und Schmerz, Freude und Leid, Leben und Tod.

Der Mensch versucht nun aus eigener Kraft sein Leben zu ordnen. In seinem Denken und Handeln geht er von sich aus, weil er ja gar nicht anders kann, als von seinen Erkenntnissen, Einsichten und Denkmustern auszugehen. Er will sein eigener Gott sein. Daher versucht er, seinen eigenen Himmel, nämlich das, was er als Sünder für gut hält, zu schaffen. Dabei macht er sich selbst zum Inhalt und zur Mitte und bewirkt neue Spaltungen, Zerstörung und Katastrophe.

Alle Selbsterlösungsversuche enden im Untergang. Nur Gott, der Ur-Eine und Ur-Einende kann daraus erretten. Mit der einenden Kraft Gottes kann ich das Böse durch das Gute überwinden und verwandeln, – nicht verdrängen und vernichten.

Sünde ist Störung der Einheit, Störung der Harmonie, Störung der Beziehung. Die Gebote und Weisungen wollen uns helfen, damit wir nicht „spalten". Geboteübertretung ist ein häufiges Symptom der Sünde, aber nicht ihr Wesen.

Ich bin ganz auseinander,
weil nichts mehr zusammen geht
und weil nichts mehr zusammengeht,
bin ich ganz auseinander.

Himmel und Hölle

Himmel und Hölle sind Spaltprodukte der Sünde.

Indem der Mensch in das Ganze der Schöpfung eingreift und das Werk Gottes einteilt und beurteilt nach den Kategorien Gut und Böse, zerstört er das Paradies und bereitet sich die Hölle auf Erden. Er merkt es nur sehr spät – vielleicht zu spät für unsere Erde.

Himmel und Hölle sind Zustände unserer Existenz, die schon unser zeitliches Dasein bestimmen. „Im Himmel" bin ich, wenn ich das Heil erfahre (vgl. „Heil", S. 37), wenn Gott für mich alles in allem ist. Die Hölle erfahre ich, wenn mir Gott fehlt, und wenn ich deshalb auf mich selbst zurückgeworfen bin und zu nichts Beziehung habe. Diese Welt, ich selber, meine Mitmenschen können für mich zum Himmel und zur Hölle werden.

Für die „Heiligen im Himmel" ist diese Erde schon zum Himmel geworden, weil sie schon hier auf Erden glücklich sind. Sie sind heil, weil sie in Beziehung stehen, zu sich, zum anderen, zu Gott. Dadurch können sie Gott preisen, der alles recht macht, obwohl alles so ist, wie es ist!

Durch meine Gottesbeziehung kann ich hier auf Erden das Auseinanderfallen in Gut und Böse bis zu einem gewissen Grad überwinden, so daß ich das irdische Leben trotz allem schön und sinnvoll finde und Gott preise für mein Dasein. Gott ist Mensch geworden, damit ich die Liebe spüre und jetzt schon in den Himmel komme und voll Freude „das Zeitliche segne"!

Wenn ich in meinem Tod dem Schöpfer begegne, wird er mir die Frage stellen: „Hat dich das Leben gefreut, das ich dir gegeben habe?" Wenn ich sagen muß „nein", werde ich noch viel nachzuholen haben!

Die Hölle
ist der Himmel,
den sich die Menschen machen.

Sündenstrafe

Die Sündenstrafe ist mit der Sündenschuld schon gegeben.

Gott straft nicht, wie Menschen strafen. Seine Strafe ist nicht Rache. Die Strafe besteht darin, daß das „kaputt" ist, was ich kaputt gemacht habe. Wenn ich kaputt bin, habe ich mich letztlich immer selbst kaputt gemacht, auch wenn die Schuld von anderen (und unsere Schuld-Verstrickung) eine wesentliche Rolle dabei spielt.

„Gottes Strafe" will dem Sünder helfen, sich selbst und andere und damit auch Gott wieder neu zu erfahren.

Alles Leid ist insofern „Strafe Gottes", als ich im Leid Gott nicht — nicht mehr oder noch nicht — spüre und deshalb an meinem Leid leide. „Jeder ist mit sich selbst gestraft."

Gott liebt mich immer, aber in meiner Gespaltenheit kann ich seine Liebe oft nicht mehr sehen und spüren.

Durch manches Leid komme ich erst zum Loslassen und zur Sinnes- und Gesinnungsänderung, die für das Eintreten in die Lebensbeziehung notwendig ist. Leid muß also nicht zur Verzweiflung und zum Scheitern führen. Im Leid kann ich mich so wandeln, daß mein Leid nicht mehr weh tut. Im Leid kann ich frei werden, reifen.

Die Selbsthingabe Gottes durch Jesus ist der äußerste Versuch Gottes, mich zu bewegen, daß ich an seine Liebe glaube – auch im Leid – und dadurch aufhöre zu leiden.

Wer sich in den Regen stellt,
wird naß;
die Strafe liegt schon in der Sünde.

Erbschuld

Erbschuld ist ererbte Spaltung.

Jeder Mensch kommt in der Liebe Gottes zur Welt, aber er hat die Liebe noch nicht in sich. Die Liebe, die ich brauche, um mich selber zu mögen (anzunehmen), habe ich noch nicht in mir und kann ich auch nicht selbst erzeugen.

Ich muß geliebt (angenommen) werden, damit ich lieben (annehmen) kann. Ich muß geliebt werden, damit ich mich selber, die anderen und alle Geschöpfe und Gott lieben kann.

Nur Gott kann ungeliebt lieben. Er selbst ist die Liebe und er ist der Ursprung der Liebe. Die Liebe ist da, aber sie muß „in mich hinein", mich durchdringen. Ich muß die Liebe, das Geliebt-Sein annehmen, dann kann ich mich selber so annehmen, wie ich bin. Gott schenkt mir seine Liebe in der praktischen Erfahrung durch Menschen, durch alle Geschöpfe, durch Jesus. Das wird sichtbar in besonderen Symbolen (Sakramenten), die mir die Liebe des Schöpfers vermitteln. Durch die Sakramente werde ich mit Gott in Beziehung gesetzt und geeint.

Die Erbschuld erlebt jeder, wenn er sich selber ärgern „muß", wenn er eifersüchtig, neidisch, habsüchtig und gehässig sein „muß". Was jeder

Mensch braucht, ist die Erfahrung, daß er absolut, unverlierbar und unbedingt, das heißt ewig geliebt ist.

Der Mensch ist von Natur aus gut und böse. Er braucht Zuwendung und Liebe, damit er in dieser Spannung leben kann und leben lernt.

Weil alle einer sind
und einer alle ist,
betrifft der eine
immer alle.

Vergebung

Vergeben heißt: annehmen in Schuld und annehmen der Schuld.

Ich muß mir selbst vergeben, das heißt, ich muß so weit kommen, daß ich meine Schuld (Gespaltenheit) erkenne, anerkenne und dann als solche annehme, – dann ist sie überwunden, „vergeben". Wenn ich die Schuld, meine Schuld leugne, wegschiebe, ignoriere, verdränge ich sie und verdränge damit mich selbst.

Aus eigener Kraft kann ich meine Gespaltenheit nicht überwinden. Erst wenn ich erfahre und akzeptiere, daß ich in meiner Gespaltenheit, mit Gut und Böse, bedingungslos angenommen und geliebt bin, kann ich mich selber annehmen und meine Identität finden.

In der Hingabe Jesu zeigt mir Gott, daß er mich grenzenlos und unbedingt liebt. Der Ursprung jeder Liebeserfahrung ist dieser bedingungslos alles und alle liebende Gott.

Es kommt darauf an, diese vergebende Liebe annehmen zu können. Dieses Annehmen der Liebe und ihr Wirken in mir ist nur möglich, wenn ich es wirklich will und es zulasse.

Verschließe ich mich der vergebenden Liebe, so ist sie zwar da, aber sie kann mich nicht erfassen und nicht in mir wirken. Wenn ich mich in meiner Schuld annehme, kommt die Liebe zur Geltung. Ich muß nicht mehr nach Wegen der Verdrängung suchen, sondern kann zugeben und vergeben.

Damit die Schuld Vergebung findet,
muß sie zu-gegeben werden.

Erlösung

Erlösung ist Befreiung von der Spaltung.

Ohne Liebe, ohne die Erfahrung von Geliebt-Werden und Geliebt-Sein bin ich „verloren", kann ich mich selbst nicht finden (vgl. „Vater", S. 15). Ich bin mir selbst, meiner Gespaltenheit, ausgeliefert. In meinem Auseinandersein mache ich mich schließlich selber fertig und finde keinen Sinn im Leben.

Gottes Liebe erlöst mich von den vernichtenden Kräften, die durch meine Gespaltenheit freigesetzt sind. Als Erlöster „muß" ich mich und andere nicht mehr quälen; die sadomasochistischen Zwänge werden durch das absolute Geliebt- Sein aufgehoben und in kreative Kräfte verwandelt. Mein Ich, das vernichten will, ist schon angenommen, ist schon geliebt, so daß ich mich nicht erst selbst durch Vernichtung behaupten muß.

Wenn auch die Erlösung hier auf Erden nicht zur Vollendung kommt, so geschieht sie doch prinzipiell, anfanghaft, im glaubenden und liebenden Menschen.

Auch wenn ich hier auf Erden ein chaotisches Leben führe, bringt die Liebe Gottes die Erlösung: Im Geliebtsein finde ich mitten in meinem Chaos mein Ich, meine Identität. Mein Chaos wird zu meinem Kosmos, auch wenn von außen her gesehen und oberflächlich betrachtet das chaotische Aussehen erhalten bleibt. Das extremste Beispiel: Der Welterlöser stirbt im Ansehen seiner Zeitgenossen als Verbrecher.

Die Liebe
löst alle Nöte und Probleme;
wer sie einläßt,
ist erlöst.

Gericht

Gott richtet heißt: Gott macht alles recht und richtig.

Was der Mensch gespalten hat, macht Gott wieder ganz in seinem „Gericht". Gott „repariert", richtet wieder her, richtet auf. Aber Gott richtet nicht *hin* wie die Menschen. Die menschlichen Gerichte sind oft Rachegerichte, die Böses mit Bösem vergelten; sie regeln das menschliche Vergeltungsbedüfnis. Gottes Gerichte sind Gnadengerichte, die Böses mit Liebe vergelten.
Gott rächt sich nicht am Menschen, indem er ihm nach Art verletzter Menschen etwas antut, also die Verletzung vergilt. Gott läßt den Menschen, der Gott los sein will, nur gott-los sein. Dies jedoch nicht in dem Sinn, daß er ihm jetzt als Beleidigter seine Liebe entzieht. Gott vermindert gegenüber dem Sünder seine Liebe in keiner Weise, aber er respektiert seine Freiheit.
Die göttliche „Vergeltung" besteht darin, daß meine Bosheit voll gilt, das heißt als Wirklichkeit anerkannt wird, und daß Gott mir so viel Erbarmen schenkt, wie meine Bosheit „braucht". Natürlich muß ich sein Erbarmen annehmen und mich verwandeln lassen. Ich muß mich von meiner Bosheit und Gespaltenheit trennen; denn

Liebe macht immer liebend, Erbarmen macht erbarmend, Vergebung macht vergebend.

Gott akzeptiert gewiß unsere Vergeltungs-Gerechtigkeit, weil sie wenigstens eine gewisse gesellschaftliche Ordnung ermöglicht und Schlimmeres verhindert. Besser ein Rechtsstaat als ein Unrechtsstaat! Aber die Vollendung im Reich Gottes beruht auf Gnade und Erbarmen. Gott ist nicht gerecht, wie wir sündige Menschen gerecht sind; seine Gerechtigkeit besteht im Schonen und Erbarmen.

Wer liebt,
liegt richtig
und braucht nicht mehr
gerichtet zu werden.

Heil

Heil ist Einheit, überwundene Spaltung.

Gott ist das Heil, er ist die Einheit aller Gegenteile und Gegensätze. Für ihn ist „unsere Finsternis nicht finster" (Ps 139,12). In allen körperlichen und seelischen Heilungsprozessen erlebe ich dieses Heil.

Gott will mein Heil. Das heißt, Gott will, daß ich glücklich bin und zwar schon im Hier und Jetzt (vgl. „Himmel und Hölle", S. 25).

Ich erfahre das Heil in den „hochzeitlichen" Augenblicken meines Lebens: wenn ich ganz glücklich bin, wenn ich mein Leid, meine Behinderungen und meinen Tod als zu mir gehörig annehmen kann.

Ich erfahre das Heil, wenn ich meine Schuld zugeben und annehmen kann (vgl. „Vergebung", S. 31).

Ich erfahre das Heil, wenn ich mich selbst annehme. Dieser Weg der Selbstannahme ist keine Selbsterlösung, wenn ich ihn in der Begegnung mit dem heilenden Gott gehe.

Ich komme zu mir selbst und werde frei. Nicht mehr das zwanghafte „Müssen" bestimmt mein Verhalten.

Ich erfahre das Heil, wenn ich „gut beisammen" bin, wenn ich eins bin und im reinen bin mit mir selbst und mit allem.

Hier auf Erden kann ich alles nur in der ursündlichen Gegensatzspannung erfahren und erleben – auch das Heil.
Die Heilserfahrung ist immer begleitet von der Unheilserfahrung. Aber durch die Heilserfahrung kann ich diese Spannung immer besser aushalten bis zur Vollendung in Gott.

Heil ist der,
dem nichts mehr fehlt;
wenn du das ein und alles hast,
bist du geheilt.

Heilig

Der Heile ist immer auch der Heilige.

Wo das Heil in Erscheinung tritt, erweist es sich immer als heilend. Der heile Mensch ist heil nicht nur für sich, sondern auch für andere. Ein Mensch voll Freude ist erfreulich und erfreuend; er weckt Freude. Wer sich selbst – vielleicht in einem ganz schweren Leid – angenommen hat, kann anderen unsäglich viel an Lebenskraft geben. Heilende Kraft ist einende, Spaltung überwindende Kraft.

„Heilig" ist kein moralischer Begriff; „heilig" besagt Identität, Selbstfindung und Selbstannahme, leben von innen her. Die Heiligen geben uns durch ihre Identität viel Lebensmut und Lebenskraft auch über die Grenze ihres irdischen Lebens hinaus; sie sind „Orte des Heils" für unser Leben. Wenn Gott in besonderer Weise Menschen erwählt und „heiligt", erwählt er sie immer für alle.

Der vollkommen heile und damit heilende Mensch ist Jesus. Er ist der Heilige schlechthin, der „Heiland".

Der Heile
wirkt auf die anderen heilend;
dein Heil
ist immer auch das Heil der anderen.

Verdammung

Menschen verdammen, Gott verdammt nie.

Gott kann gar nicht verdammen, weil er nicht in unseren sündigen Kategorien von Gut und Böse denken muß. „Verdammen" heißt wörtlich: etwas für schlecht, für böse erklären (damnum, lat.: Schaden).

In unserem sündigen Gerechtigkeitsgefühl kann es uns beruhigen, daß jeder Mensch einmal sich selber und alles so sehen und erkennen darf und muß, wie er bzw. alles ist vor Gott. Dann werden wir alle, besonders die Selbstgerechten, nur mehr schreien: „Herr, erbarme dich".

Keiner wird so viele Verdienste aufzuweisen haben, daß ihn Gott annehmen *muß!* Wenn sich jeder so sieht, wie er vor Gott ist, wird sich jeder nur mehr selbst verdammen können. Das ist die schlimmste „Strafe".

Im Jüngsten Gericht wird uns aber auch offenbar, was es heißt: Gott ist Liebe und Erbarmen. Und das Entsetzen über uns selbst macht uns fähig, Gott in ewiger, unendlicher Beglückung zu erfahren.

Nur du selbst
kannst dich und andere verdammen;
du mußt es tun,
wenn dir die Liebe fehlt.

Freiheit

Freiheit ist die Fähigkeit, Liebe anzunehmen und zu erwidern.

Die Liebe zwingt nicht; das ist ihr Wesen. Wenn ich die Liebe annehmen müßte, wäre sie keine Liebe mehr.

Das Annehmen der Liebe ist mit Verzicht verbunden. Wenn ich Liebe annehme und in mich einlasse, kann ich nicht mehr hassen, ohne die Liebe zu verlieren. Rache und menschliche Genugtuung sind die schwerste Behinderung unserer Freiheit.

Gott liebt mich immer und tut alles, um mir entgegenzukommen. Aber er ist auf mein bedingungsloses Ja zu seiner Liebe angewiesen, damit sie wirken kann. Würde er mir dieses Ja, diese Entscheidung, ersparen, wäre die Liebe keine Liebe mehr. Ich wäre wie ein gescheites Tier, das sich der Liebe nicht bewußt ist.

Wie weit ein Mensch im irdischen Leben frei oder blockiert ist, kann niemand beurteilen. Vielleicht sind viele Menschen erst im Tode, angesichts der vollen Wirklichkeit fähig, sich für die Liebe (Gottes) zu entscheiden.

Liebe ist nur in Freiheit möglich
und Freiheit nur in Liebe.

Gnadenlohn

Alles ist Gnade und Lohn zugleich.

Der Himmel, das Glück, ist schon hier auf Erden Geschenk der Liebe Gottes. Aber ich muß dieses Geschenk annehmen; es wird mir nicht aufgezwungen.
So ist der Himmel jetzt und dann immer auch der Lohn dafür, daß ich die Liebe Gottes angenommen habe und bereit war, auf Haß und Rache zu verzichten.
Die Kraft zum praktischen Verzicht schenkt mir Gott, aber ich muß mich dafür entscheiden. Wenn man schließlich bedenkt, daß alles Mögen-, Wollen- und Entscheiden-Können Geschenk Gottes ist, dann ist letzten Endes alles Gnade.
Wir haben die feste Hoffnung, daß Gott letztlich jedem Menschen die Freiheit schenkt, daß er sich für ihn entscheidet.

Die Liebe
ist der Lohn
der Liebe.

Schuld

Schuld ist der Zustand, den die Sünde schafft: die Gespaltenheit.

Schuldig sein heißt: im Sollen bzw. Nicht-Sollen sein. Wenn ich etwas sein oder tun soll und dies nicht verwirkliche, erlebe ich meine Schuld als Druck. Wenn ich etwas bin oder tue, was nicht sein soll, entsteht Leere. Ich erlebe meine Schuld als Vacuum. Zwischen dem Sollen und Nicht-Sollen, zwischen Druck und Vakuum liegt der Zwiespalt. Schuld ist Gespaltensein.

Alle Notschreie sind Ausdruck meiner Gespaltenheit: daß ich einen Teil meiner Wirklichkeit (Leid, Schmerz, Krankheit, Tod) weghaben möchte und nicht annehmen kann.

Schuld ist das Fehlen oder das Gestörtsein der Beziehung – der Beziehung zu mir selbst, zu dir und allen anderen Geschöpfen und zu Gott.

Ich kann mich nicht selbst aus eigener Kraft „entschuldigen". Jede Selbstentschuldigung vertieft die Spaltung und damit die Schuld. Wer ins Moor geraten ist und sich selbst befreien möchte, sinkt noch schneller ein.

In meinem Tun und Wollen
spüre ich ein anderes Sollen;
das ist die Schuld.

Sühne

Sühnen heißt vergeben.

Weil ich in meiner Gespaltenheit dennoch angenommen und geborgen bin, kann ich ganz werden. Gott nimmt meine Schuld an. Er liebt, „beliebt" meine Schuld, weil er mich in allem und mit allem, wie ich bin, liebt.
Dadurch wird sie nicht aufgehoben. Der Tatbestand meines Schuldigwerdens bleibt, jedoch muß ich nicht an meiner Schuld zugrunde gehen. Die Liebe Gottes verbindet so und fügt zusammen, was gespalten ist.
Sühnen heißt, die empfangene Liebe weiterschenken, „durchlassen". Wenn ich Vergebung annehme und mir selbst vergeben kann, werde ich fähig, auch anderen zu vergeben und sie in ihrer Gespaltenheit anzunehmen.
Wenn ich die Vergebung nicht weiterschenke, kann sie auch in mich nicht hinein und in mir nicht wirken. Es ist wie bei einem verstopften Brunnen: Das Wasser kann nicht fließen. Wiedergutmachung und Ersatzleistung gehören auch zur Sühne, aber sie sind nicht deren Wesen.

Deine Freiheit
kannst du erst ganz erleben,
wenn du andere befreist.

Prüfung

Gott prüft uns, damit wir uns selbst erfahren.

Gott kennt uns schon längst, aber wir kennen uns selber nicht. Wir müssen uns selbst erst erfahren, finden und verwirklichen. Der Glaube kann uns im Leben erst tragen, wenn wir spüren, daß wir ihn haben. Daß mich Gott trägt, kann ich erst spüren, wenn ich mich restlos auf ihn verlasse.

Ich bin total geliebt von Gott. Damit ich das spüren kann, schickt mir Gott etwas, das ich nur mehr aus dem Glauben an das absolute Geliebtsein heraus bestehen kann. Wenn ich die Prüfung bestehe, wirft mich nichts mehr um, weil mich nichts mehr trennen kann von der Liebe Gottes.

Ich kann mich also ganz auf Gott verlassen, wenn ich gespürt habe, daß er mich trägt. Andererseits muß ich mich ganz auf Gott verlassen, um zu spüren, daß er mich trägt. Das sind die Prüfungssituationen meines Lebens und Glaubens.

Ein Beispiel finden wir im Leben Marias. Dem Mädchen aus Nazareth wird zugesagt, sie sei „voll der Gnade", das heißt total geliebt von Gott. Dann wird ihr das „Unmögliche" zugemutet: „Du wirst ein Kind empfangen, einen Sohn wirst du gebären" – eine uneheliche Schwanger-

schaft! Sie fragt noch: „Wie soll das geschehen?"
Antwort: „Für Gott ist nichts unmöglich." Sie
willigt ein in dieses Wagnis totalen Glaubens:
„Mir geschehe".

Nach dem Auf und Ab (Gebirge) eines schweren
Weges erfährt sie in der Begegnung mit Elisabeth
die Bestätigung. Nun bricht Gott vollends in
ihrem Leben durch: „Großes hat an mir getan
der Mächtige". (Lk 1,39-56)

Ohne Prüfung
weißt du selbst nicht,
wer du bist.

Symbol

Symbol ist die Einheit von zwei Wirklichkeiten.

Wir können Gott so schwer erfahren, weil wir uns den Zugang zu der Symbolwirklichkeit (2 = 1, 1 = 2) durch unser eindimensionales Rationalisieren weithin verbaut haben.

Die häufige törichte Frage, gerade bei biblischen Inhalten: „War das wirklich so, oder ist es 'nur' symbolisch zu verstehen?" bestätigt diese Tatsache.

Indes leben wir von Symbolen, von den Zeichen der Liebe und des Erbarmens: Ein Händedruck, ein Blick der Augen, der Tonfall in einer Stimme können mein Innerstes bewegen. Im Symbol werden Äußeres und Inneres eins, das Äußere erschließt das Innere. Deshalb ist ein Symbol das Wirklichste, was es gibt.

So wie die menschlichen Begegnungen durch Zeichen und Symbole möglich werden, so kann auch die Beziehung zu Gott durch Zeichen und Symbole seinerseits und unsererseits verwirklicht werden.

Alle Geschöpfe sind Symbole seiner Liebe. Aber das Höchste und Tiefste, was es an göttlicher Symbolwirklichkeit geben kann, ist uns in Jesus Christus und den Sakramenten geschenkt. Auch die Jesuserzählungen sind keine bloßen Berichte, sondern Symbole, das heißt Sinngestalten und Erlebnishilfen, damit uns die Jesuswirklichkeit erlebnismäßig aufgehen kann.

Durch Meditation können wir den Zugang zur Symbolwirklichkeit wieder gewinnen. Die naturale Meditation macht die Schöpfung transparent für das Göttliche. Durch die Meditation der Jesusgestalt und der Sakramente erlangen wir im Glauben den ganz praktischen, erlebnismäßigen Zugang zu Gott, der uns liebt und unser Leben trägt.

Alles ist Symbol:
Das Himmlische
wird durch das Irdische erschlossen;
es gibt dem Irdischen
den ewigen Sinn.

Sinn des Lebens

Das Leben selbst ist der Sinn des Lebens.

Das Leben „hat" keinen Sinn; es „ist" sein Sinn. Um Klarheit zu bekommen, müssen wir unterscheiden zwischen unserem körperlichen und vergänglichen Dasein und dem Leben selbst. Der Sinn des vergänglichen Daseins ist die sinnenhafte Erfahrung des Lebens, das seinerseits „ewig", das heißt nicht dem Gesetz der Zeit und der Vergänglichkeit unterworfen ist.

Je stärker ich durch meine sinnlichen vergänglichen Erlebnisse das „ewige Leben" schon jetzt erfahre, desto mehr verlieren Krankheit, Leid und Tod ihre Schrecken.

Es ist eine paradoxe Wahrheit, daß ich das Unvergängliche in den vergänglichen Augenblicken erfahre. In meinem Ich bleiben diese Erfahrungen gespeichert; sie bauen mein Ich auf und gehen in mir und mit mir ein in die Ewigkeit meines Ichs.

Darum ist es wichtig, daß ich Konsum und Lust nicht zum Inhalt meines Daseins mache, sondern das Leben selbst. Konsum und Lust gehören notwendig zum irdischen Dasein, aber nicht als Inhalt, sondern als vergängliche Situationen, in denen mir der Inhalt, das Leben selbst, die Liebe meines Schöpfers zuteil werden. Mein Schöpfer

will, daß ich koste und sehe, höre, fühle, taste,
schmecke, wie „gut der Herr", wie gut das ewige
Leben ist.

Es ist auch wichtig, zwischen Leib und Körper
zu unterscheiden. Jetzt erlebe ich meine Leibhaf-
tigkeit in der Körperhaftigkeit meines vergänglichen Daseins. Mein Körpertod wird meinen Leib
freigeben in eine neue und andere Daseinsweise.

Der Sinn des Lebens
ist das Leben selbst.

Auferstehung

Auferstehung heißt: Der Tod wird mich, mein Ich, nicht vernichten.

Je stärker die Lebenserfahrung und Sinnerfahrung vor dem Tod ist, desto weniger ist die Auferstehung ein Problem. Wenn ich jetzt schon, vor dem Tod, „hinübergegangen bin vom Tod zum Leben", wie wir bei Johannes (Joh 5,24) lesen, dann bin ich schon „drüben", wenn der Tod kommt und der Tod kann mir nichts mehr anhaben. Wenn mir jetzt schon das „ewige Licht" leuchtet, kann mit dem Tod ruhig „alles aus sein". Denn „aus sein" kann nur, was Anfang und Ende hat, also das Zeitliche. Und dieses Aus-Sein berührt das Ewige nicht, das ich im Zeitlichen erfahren habe, und das mein Ich ausmacht.
Der Mensch ist eine Einheit von Leib, Seele und Geist. Dabei ist Leib nicht dasselbe wie Körper (vgl. „Sinn des Lebens", S.49).
Das Alte Testament sieht den Menschen als Ganzheit; hier wird das Sterben im Volk Gottes so stark als Vollendung verstanden, daß der Auferstehungsgedanke am Anfang der Bibel kaum in Erscheinung tritt. Im Pharisäismus zur Zeit Jesu ist der Auferstehungsgedanke voll zum Durchbruch gekommen. In letzter Klarheit erscheint die Auferstehung des Menschen in

Leben, Tod und Auferstehung Jesu. Überall wird deutlich, daß das innerste Wesen des Menschen, sein innerstes Ich, im Tod nicht untergeht.

„Auferweckung", „Auferstehung", „Hinübergang" sind die Worte, mit denen das irdisch Unfaßbare im Neuen Testament zur Sprache gebracht wird. Beim Evangelisten Johannes lesen wir: „... der ist aus dem Tod ins Leben hinübergegangen" (5,24), „... der wird auf ewig den Tod nicht schauen" (8,51), „... der wird in Ewigkeit nicht sterben" (6,51) und: „Ich werde ihn auferwecken am Jüngsten Tag" (6,44).

Die biblischen Ostererzählungen sind Ausdruck der österlichen Jesusbegegnung. Sie helfen und ermuntern uns, daß auch wir den Auferstandenen suchen und finden. Menschliche Begegnungen (z.B. mit einem Sterbenden, der seinen Tod voll angenommen hat), die österlichen Symbole in der Schöpfung und in der Feier der Liturgie können zur ganz persönlichen Begegnung mit dem Auferstandenen führen. Wenn ich sagen kann: „Der Herr ist wahrhaft auferstanden, des bin ich Zeuge", hat der Tod für mich „keinen Stachel mehr".

Der Tod
bezeichnet die Stelle,
wo sich das ewige Leben
offenbart.

Vom Glauben zum Leben ...

Laß Schaf und Wolf zusammen in dir wohnen

Laß Schaf und Wolf
zusammen in dir wohnen
Lebensbegriffe
meditiert von Elmar Gruber

Lebensbegriffe meditiert von Elmar Gruber

Format: 13,2 x 20,8 cm
80 Seiten, kartoniert
ISBN 3-7698-0672-7

Don Bosco Verlag

Der Weg zur eigenen Persönlichkeit, zur Identität, führt über viele, oft auch schmerzliche Abschnitte. Ziel ist die Selbstannahme mit all meinen Stärken und Schwächen sowie die positive und kreative Bewältigung meiner Konflikte. Es geht darum, daß Schaf und Wolf zusammen in mir wohnen.

Helfende Orientierung geben in diesem Prozeß „herkömmliche" Werte und Normen der christlichen Moral und Ethik.

Die zehn Gebote, die Bergpredigt, die Kardinaltugenden, die Grundwerte und die Gesetze des Lebens als zentrale Inhalte christlichen Lebens sind Gegenstand der meditativen Betrachtungen von Elmar Gruber. Sie werden auf ihre immer gültige Bedeutung hin durchleuchtet, damit das Leben in größerer Eigenverantwortlichkeit gelingen kann.

DON BOSCO
VERLAG

Elmar Gruber

Zeit ist dir gegeben

Leben aus
der Zusage Gottes

Mit acht Farbcollagen
von Felix Weinold

Format: 17,5 x 23 cm
200 Seiten, Pappband
ISBN 3-7698-0673-5

Elmar Gruber zeigt in seinen Reflexionen und
Meditationen auf, wie Leben aus der Zusage Gottes gelingen kann. Die Zeit, die mir gegeben ist,
gewinnt so neue Dimensionen, die frei und glücklich machen.

Wer bewußt lebt, kann in den Rhythmen der Zeit
und in der Begegnung mit den Geschöpfen zur
Erfahrung des „ewigen" Lebens gelangen.

Diese Sammlung alter und neuer Texte von Elmar
Gruber bietet eine Zusammenfassung seines Enga-
gements für den Menschen.

DON BOSCO
VERLAG

Elmar Gruber

Lebens- wahrheiten

Auf dem Weg zu mir selbst

Format: 9,3 x 15,2 cm
168 Seiten, Pappband
mit Lesebändchen
ISBN 3-7698-0769-3

Mit kurzen, prägnanten Aussagen lädt Elmar Gruber ein, eigene Erfahrungen mit dem Leben zu
überdenken und vielleicht bisher Ungeahntes für
sich selbst zu entdecken.

Die Themen des Buches: So ist das Leben, Selbst-
erfahrung, Entzweiung — Einigung, Grenzerfah-
rungen, Liebe, Gott, Schritte auf dem Weg, Beziehungen, Wenn Gott aufgeht.

Ein persönliches Kursbuch, das immer wieder in
die Hand genommen wird, um die eigene Richtung
deutlicher zu sehen und gehen zu können.